MY FIRST ITALIAN BOOK

ITALIAN-ENGLISH BOOK FOR BILINGUAL CHILDREN

 www.RaisingBilingualChildren.com

ALFABETO

A
ALBERO
Tree

B
BAMBINO
Child

C
CARAMELLA
Candy

G
GONNA
Skirt

H
HAMBURGER
Hamburger

I
ISTRICE
Porcupine

O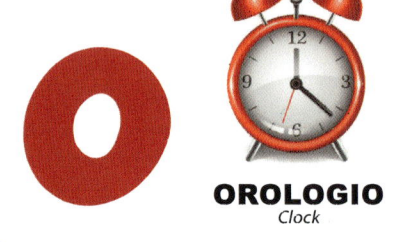
OROLOGIO
Clock

P
PAPPAGALLO
Parrot

Q
QUADRO
Painting

U
UOVO
Egg

V
VIOLINO
Violin

Z
ZUCCA
Pumpkin

ITALIANO

DELFINO
Dolphin

ELMO
Helmet

FIORE
Flower

LUCE
Light

MARE
Sea

NAVE
Ship

RUOTA
Wheel

SCOIATTOLO
Squirrel

TAVOLO
Table

ANIMALI SELVATICI

FORME

CERCHIO

Circle

QUADRATO

Square

TRIANGOLO

Triangle

RETTANGOLO

Rectangle

ROMBO

Rhombus

OVALE

Oval

SHAPES

CUORE

Heart

STELLA

Star

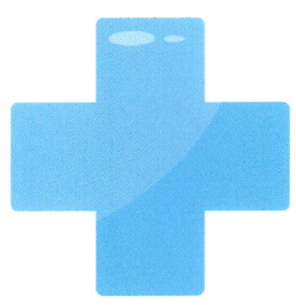

CROCE

Cross

FRECCIA

Arrow

PENTAGONO

Pentagon

TRAPEZIO

Trapezoid

FRUTTI | FRUITS

FRUTTI DI BOSCO | BERRIES

FRAGOLA
Strawberry

ANGURIA
Watermelon

UVA
Grape

CILIEGIA
Cherry

MIRTILLO
Blueberry

LAMPONE
Raspberry

KIWI
Kiwi

MELOGRANO
Pomegranate

VEGETALI

VEGETABLES

NUMERI

UNO
One

1

2

DUE
Two

TRE
Three

3

QUATTRO
Four

4

CINQUE
Five

5

SEI
Six

6

NUMBERS

7 SETTE
Seven

8 OTTO
Eight

9 NOVE
Nine

10 DIECI
Ten

COLORI

ROSSO

 **POMODORO** *Tomato*

 **COCCINELLA** *Ladybug*

 **GRANCHIO** *Crab*

 **ROSA** *Rose*

GIALLO

 **FORMAGGIO** *Cheese*

 **APE** *Bee*

 **GRANO** *Wheat*

 **GIRASOLE** *Sunflower*

COLORS

VERDE

FOGLIE
Leaf

RANA
Frog

CETRIOLO
Cucumber

AVOCADO
Avocado

BLU

BALENA
Whale

FARFALLA
Butterfly

JEANS
Jeans

PESCE
Fish

STAGIONI

INVERNO

PRIMAVERA

SEASONS

ESTATE

AUTUNNO

LA MIA CASA

CUCINA

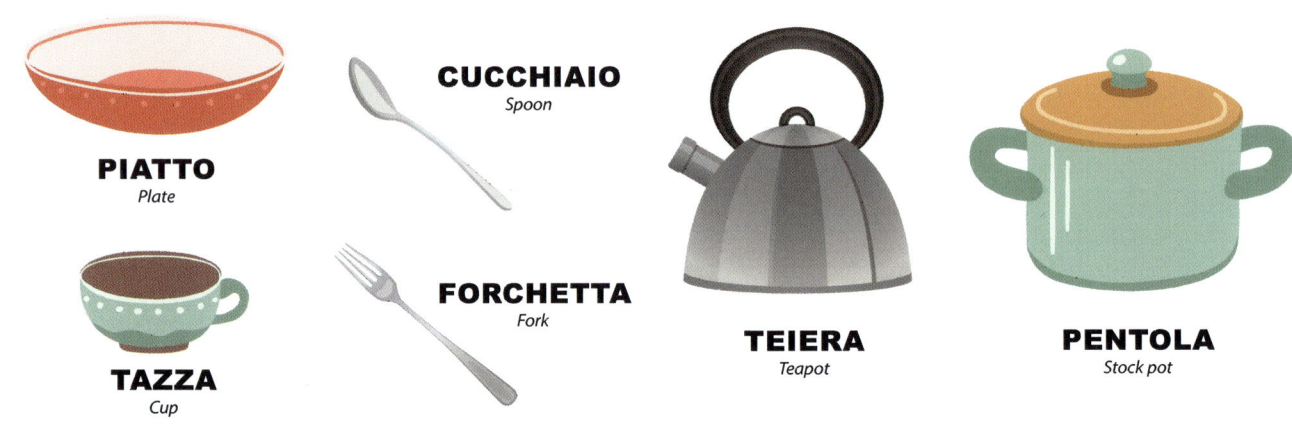

PIATTO
Plate

CUCCHIAIO
Spoon

TEIERA
Teapot

PENTOLA
Stock pot

TAZZA
Cup

FORCHETTA
Fork

STANZA DEI BAMBINI

CULLA
Crib

BLOCCHI
Blocks

BAMBOLA
Doll

ANELLI
Stacking rings

MY HOUSE

BAGNO

 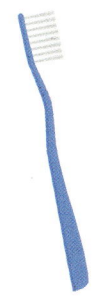  

VASCA DA BAGNO *Bathtub* **SPAZZOLINO** *Toothbrush* **ASCIUGAMANO** *Towel* **LAVANDINO** *Sink*

SALONE

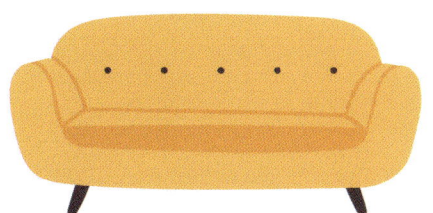   

DIVANO *Couch* **POLTRONA** *Armchair* **LAMPADA** *Lamp* **TELEVISORE** *TV*

LAVORI

PROFESSIONS

MEZZI DI TRASPORTO

TRANSPORTATION

AEROPLANO
Airplane

ELICOTTERO
Helicopter

MONGOLFIERA
Hot Air Balloon

SEMAFORO
Traffic light

AUTOMOBILE
Car

CAMION
Truck

BICICLETTA
Bike

MOTO
Motorcycle

CAMION DEI POMPIERI
Fire truck

AUTOBUS
Bus

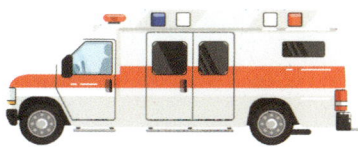

AMBULANZA
Ambulance

TRENO
Train

VERSI DEGLI ANIMALI

GATTO
MIAGOLA:
MIAO

CANE
ABBAIA:
BAU BAU

RANA
GRACIDA:
CRA CRA

GALLO
CANTA:
CHICCHIRICHÌ

OCA
STARNAZZA:
QUA QUA

ANATRA
STARNAZZA:
QUA QUA

ANIMAL SOUNDS

MUCCA
MUGGISCE:
MUU

CAVALLO
NITRISCE:
IIIH

MAIALE
GRUNISCE:
OINK OINK

CAPRA
BELA:
BEEE

ASINO
RAGLIA:
IHOOO

APE
RONZA:
ZZZZ

CONTRARI

GRANDE   **PICCOLO**
Big   Small

PULITO   **SPORCO**
Clean   Dirty

CALDO   **FREDDO**
Hot   Cold

DÌ   **NOTTE**
Day   Night

OPPOSITES

ALTO
Tall

BASSO
Short

APERTO
Opened

CHIUSO
Closed

LUNGO
Long

CORTO
Short

PIENO
Full

VUOTO
Empty

Thank you very much

It would be amazing if you wrote
an honest review on Amazon!
It means so much to us!

Questions?
Email us hello@RaisingBilingualChildren.com

Anna Young

Printed in Great Britain
by Amazon